NICOLAS

MATTHIEU

SARAH

MARIE

RADAR

© 2015 Prism Art & Design Limited. The Fireman Sam name and character are trademarks of Prism Art & Design Limited.
Based on an idea by D. Gingell, D. Jones and original characters created by R.M.J. Lee.
© 2015 HIT Entertainment Limited. All rights reserved.
© 2015 Hachette Livre, 58 rue Jean Bleuzen 92178 Vanves cedex. Tous droits réservés.
Loi n° 49-956 du 16 juillet 1949 sur les publications destinées à la jeunesse.
Dépôt légal : mai 2015. Rédaction : Anne Marchand Kalicky. Maquette : Antartik.
Achevé d'imprimer en février 2016 par Canale en Roumanie. Édition 04.

LA FORÊT EN FEU

Ce matin, à la caserne, Julie est en train de garer son camion en marche arrière. Au fond du parking, Elvis lui fait de grands signes pour la guider.

– Encore, va tout droit ! Comme ça, c'est bien ! Juste encore un peu.

Mais soudain, une mouche s'approche d'Elvis qui se met à gesticuler pour la chasser.

Dans son rétroviseur, Julie comprend qu'elle doit reculer encore plus vite. Catastrophe ! Le camion percute la barre de pompier qui se tord, puis se casse quand Elvis veut la réparer.

– Il va nous falloir une nouvelle barre, Elvis ! constate Sam. J'appelle Max Carreau.

Dans la forêt de Pontypandy, Denise Prime et son fils Nicolas font un barbecue avec Tristan, Matthieu, Sarah et Marie.

– Hum, ça a l'air bon, dit Nicolas en s'approchant. Les saucisses seront prêtes quand ?

– Laisse Tristan cuisiner, s'il te plaît ! le gronde sa maman. Va jouer plus loin !

Nicolas s'éloigne en rouspétant et rejoint ses amis. Marie a alors une idée :
– Puisqu'on doit attendre, ça vous dirait une partie de cache-cache ?
– Bonne idée, répond Nicolas. Je suis très doué pour trouver des cachettes !

C'est Matthieu qui va compter pendant que ses amis iront se cacher.
– Tu ne me trouveras jamais ! continue de se vanter Nicolas.
Je suis le champion et on m'appelle l'invisible rouquin.
Matthieu commence à compter : 1, 2, 3, 4…

Mais à peine est-il arrivé jusqu'à cent qu'en ouvrant les yeux, il aperçoit une mèche de cheveux roux qui dépasse d'un rocher tout proche. Furieux, Nicolas l'accuse aussitôt d'avoir triché !

– C'est toi qui es nul pour trouver des cachettes ! se défend Matthieu.

En entendant la dispute, Marie et Sarah les rejoignent. Matthieu leur explique ce qui s'est passé. Les filles se moquent de Nicolas !

– Bon, c'est à toi de chercher maintenant ! dit enfin Marie.

– Oh non, laissez-moi une chance de trouver une vraie cachette ! insiste Nicolas.

Sans écouter les protestations de ses amis, il s'éloigne dans la forêt en leur promettant de donner toutes ses saucisses à celui qui le trouvera. Il court vers le sommet d'une colline et tombe sur un tronc d'arbre creux.

– Hé ! hé ! Ils n'auront jamais l'idée de regarder là-dedans ! Aucune chance qu'ils me retrouvent ! ricane-t-il en se glissant à l'intérieur.
Soudain, il sent quelque chose qui lui chatouille les jambes.
– Ouille ! Aïe ! s'écrie-t-il. J'ai des fourmis dans le pantalon !

    À cause des démangeaisons, Nicolas se met à gigoter dans tous les sens. Il s'agite tellement à l'intérieur du tronc creux qu'il se met à dévaler la colline. Ses amis, qui étaient en train de le chercher, l'aperçoivent aussitôt.

    — On t'a vu ! lui crient-ils sans comprendre la gravité de la situation.

Plus bas, Tristan termine de faire cuire ses saucisses quand Denise et lui entendent des cris.

– Faites-moi sortir d'ici !

Denise reconnaît immédiatement la voix de son fils à travers le tronc d'arbre qui fonce droit sur le réchaud et le renverse.

Heureusement, Tristan s'est jeté sur Denise pour la protéger et Nicolas est sain et sauf. Sarah, Matthieu et Marie arrivent en courant.

– Regardez, il y a le feu ! prévient Marie.

En effet, la clairière est en flammes ! Tristan appelle Sam le pompier en urgence.

À la caserne, Max Carreau est arrivé avec une nouvelle barre. Elvis l'aide à la rentrer dans le parking. Mais, pour la faire passer par la trappe qui mène au premier étage, ce n'est pas une mince affaire.
– La situation est sous contrôle ! répète Max qui, sans le vouloir, accroche un tuyau et fait tomber Elvis.

Un peu plus tard et non sans mal, la nouvelle barre est enfin fixée.
– Aussi solide qu'un roc ! Beau travail ! félicite Sam.
Au même moment, l'alarme se met à sonner !
– On signale un feu de forêt qui menace un groupe d'habitants de Pontypandy ! annonce le commandant Steele dans son micro.

Aussitôt, Sam, Elvis et Julie grimpent dans leurs véhicules et filent, tous gyrophares allumés, vers la forêt. Le commandant Steele prévient également Tom. Équipé d'un hélicoptère bombardier d'eau, le pilote survole le lac et remplit son seau immense avant de se diriger vers le lieu de l'incendie.

Dans la clairière, le feu gagne du terrain. Tristan, Denise et les enfants sont bientôt encerclés par les flammes ! Courageux, Tristan tente d'éteindre l'incendie avec une pelle, mais c'est peine perdue.

Heureusement, les pompiers arrivent juste à temps !
– Reculez, s'il vous plaît ! ordonne Sam.
Pendant ce temps, Elvis déroule les lances à incendie et les passe à Sam et Julie. Pointées sur le rideau de flammes, elles propulsent une puissante quantité d'eau !

À travers la fumée, le petit groupe leur fait de grands signes pour indiquer que tout le monde va bien. En apercevant le réchaud, Sam comprend tout de suite qu'il est à l'origine du feu de forêt. Il dirige aussitôt sa lance dessus.

Le pompier lève soudain les yeux au ciel et aperçoit Tom.

– Hélicoptère en position, paré à larguer, à vous ! annonce le pilote par radio à Sam.

En passant au-dessus de l'incendie, l'engin déverse toute l'eau contenue dans son seau.

L'intervention du sauveteur est un vrai succès !

– Merci, Tom ! Tu peux rentrer, l'incendie est sous contrôle, maintenant ! lui dit Sam, toujours par radio.

– Bien reçu, terminé ! répond Tom en faisant demi-tour.

En moins de temps qu'il n'en faut pour le dire, le feu est totalement éteint.

— Je suis désolé, Sam ! dit Tristan. C'est ma faute, l'herbe est bien trop sèche pour se servir d'un réchaud à gaz.
— Tu feras attention la prochaine fois. Le principal est que personne ne soit blessé.
— Promis, je serai plus prudent quand je ferai cuire des saucisses en plein air.

— Moi aussi, je dois faire attention aux insectes. Heureusement, les saucisses ne sont pas brûlées, intervient Nicolas en s'avançant vers la poêle.

Mais ses amis se moquent de lui en faisant semblant de ne pas le voir.

— Qui a parlé ? demande Marie en attrapant la poêle. Oh, c'est sûrement l'invisible rouquin.

— Je ne vois personne, ajoutent Matthieu et Sarah en prenant une saucisse.

— Je suis là ! Là, derrière ! s'écrie Nicolas. C'est moi ! Ohé, hou hou !

Il passe sa main devant les yeux de ses amis qui font toujours mine de l'ignorer quand soudain, il sent à nouveau quelque chose qui le chatouille.

— Oh ! Les fourmis sont de retour ! Non ! Pouah ! Ça gratte ! gémit-il en se dandinant sous les regards de ses amis, hilares.

LE CONSEIL DE SAM LE POMPIER

En forêt, ne t'éloigne jamais trop des adultes, même si tes amis insistent pour jouer plus loin ou bien pour explorer les environs. Tu pourrais en effet te perdre ou te blesser. Sois prudent, la forêt peut être plus dangereuse que tu le penses.

SAM

Cdt STEELE

JULIE

ELVIS

TOM